AF357709

DES ABSENTS.

Code civ., liv. 1er*, tit.* 4.

THÈSE

PRÉSENTÉE AU CONCOURS OUVERT DEVANT LA FACULTÉ
DE DROIT DE PARIS,

PAR C. DUFOUR,

PROFESSEUR SUPPLÉANT A LA FACULTÉ DE DROIT DE TOULOUSE.

Cette thèse sera soutenue le 7 juin 1839 , à 3 heures et demie du soir.

PARIS.

IMPRIMERIE DE FAIN ET THUNOT,

RUE RACINE, N° 4.

1839.

DES ABSENTS.

Cod. ... lib. ..., tit. 4.

NOTIONS HISTORIQUES ET DIVISION DE LA MATIÈRE.

Barbares ou policés, les habitants de notre vieille Europe ne s'éloignaient guère de l'enceinte de leur ville, ou du cercle de leur centenie ; les uns, suivant l'ingénieuse expression d'un historien moderne, *se complaisaient surtout dans leur activité paresseuse ;* les autres ne pouvaient se promettre d'établir ailleurs ces rapports d'urbanité que l'habitude leur avait rendus nécessaires. D'ailleurs, nul lien moral, nul intérêt matériel n'était alors assez fort pour inviter les hommes à s'unir : la variété, le désordre le plus effrayant, régnaient dans les idées religieuses ou philosophiques ; le commerce était méprisé.

Restait l'esprit de conquête et de pillage, d'autant plus ardent que les individus étaient moins portés à se rapprocher. Les guerres, les traités, les besoins de la politique furent donc les causes générales des absences, et c'est à ce sujet que la jurisprudence romaine nous a transmis les quelques règles de détail qu'elle contient sur cette matière.

Nous ne demanderons rien à l'empire croulant ; nous observerons la lente, mais vigoureuse organisation du Moyen-Age, sous l'unité chrétienne, et nous arrivons enfin à cette époque merveilleuse où, tout à coup, l'intelligence humaine éprouva une surexcitation inouie. Les belles-lettres et les sciences veulent se répandre, l'imprimerie est découverte ; le commerce veut se développer, on lui livre un nouveau monde. Nous sommes à l'ère des voyages, des entreprises grandes, mais hasardeuses, autant et plus peut-être dans la région des idées, que sur ce monde matériel.

Maintenant, s'il est vrai que le droit d'un peuple donné ne puisse être envisagé comme le produit exclusif de la volonté du législateur actuel ; si, suivant les idées élevées de M. de Savigny, la jurisprudence est un héritage toujours grossi que les générations se transmettent d'âge en âge, nous devrions, pour découvrir le germe des dispositions contenues au titre des absents, remonter à l'époque que nous venons de signaler.

Ce travail est fait; et, hâtons-nous de le dire, loin de nuire à la haute opinion qu'inspire l'œuvre du législateur moderne, cette investigation nous permet d'admirer la sagacité, le bonheur avec lequel on a su choisir et organiser dans le chaos. Pourquoi les rédacteurs de nos codes n'ont-ils pas borné là leur tâche? Peut-être la critique serait ici impuissante, si l'esprit créateur avait été moins écouté.

Le résultat de l'absence est l'incertitude sur la vie ou la mort de la personne qui a disparu. C'est sur ce produit, en quelque sorte négatif, que reposent les dispositions de la loi.

Nous examinerons bientôt le système au fond.

En ce qui a trait à la forme, nous ne devons pas négliger une observation importante qui ressort de la lecture de la discussion au conseil d'état.

Notre loi est toute de prévision ; elle établit ses calculs, d'un côté, sur la nature du cœur de l'homme, qui le porte à conserver ses relations, à rentrer dans ses foyers; de l'autre, sur les moyens plus ou moins faciles qu'il peut avoir de réaliser ce désir.

Cette dernière base est nécessairement changeante. L'état de guerre ou de paix, les voies plus ou moins promptes de communication entre les peuples, tendent sans cesse à la modifier, de telle sorte, que, pour que notre loi pût avoir de l'avenir, il fallait que l'expression en fût large.

C'est ce que comprenait admirablement le premier consul : aussi ramenait-il sans cesse à quelques principes généraux et féconds, les précisions rigoureuses des légistes.

A son exemple, nous envisagerons les dispositions de la loi, en ayant égard à l'état actuel des choses, et aux changements opérés par les innovations de l'industrie.

Celui qui a disparu a un patrimoine : il peut être époux ou père ;

nous allons le considérer dans ses rapports avec son *patrimoine*, avec son *conjoint*, avec ses *enfants*.

CHAPITRE Ier.

RAPPORTS DE L'ABSENT AVEC SON PATRIMOINE.

La fortune de l'absent doit être *déterminée*, *administrée*, *rendue au commerce*.

SECTION PREMIÈRE.

Composition de la fortune de l'absent.

Dans la subtilité du droit, l'absence ne saurait être considérée comme modifiant l'état des personnes, puisque, si l'on suppose, ou la vie ou la mort de celui qui a disparu, on aura dans la première hypothèse une capacité complète, tandis que dans la deuxième on ne pourra rien rattacher au néant.

Dans le vrai, la conservation ou la perte des droits est constante : la preuve seule manque. C'est le cas de dire, avec le jurisconsulte Paul : *Non deficit jus, sed deficit probatio.*

Frappé de cette impuissance, le représentant quel qu'il soit de l'absent, ne pourra réclamer en son nom les droits dont l'acquisition ou la conservation tient à l'existence prouvée de sa personne ; comme aussi l'on ne pourra, en sens inverse, distraire de la masse des biens, ceux qui doivent en faire partie jusqu'au décès prouvé.

Partant de cette donnée, et sans entendre toutefois donner ici des nomenclatures complètes, nous placerons provisoirement dans le patrimoine :

1° Les biens transmissibles par succession ;

Les créances conditionnelles ou à terme rentreraient dans cette catégorie ;

Nous y comprenons encore les obligations alternatives, lors même que le choix appartiendrait à l'absent créancier ;

2° Les droits usufructuaires, soit qu'ils frappent des objets matériels, soit qu'ils se réfèrent à de simples créances ;

Pareillement, les biens donnés avec stipulation de droit de retour, ou avec charge de conserver et de rendre ;

3° L'intérêt de l'absent, dans une société, sauf à ses coassociés à user, au besoin, de la disposition de l'art. 1871 du Code civil.

Devraient être distraits du patrimoine :

1° Les arrérages de rente viagère ;

2° Les legs attribués à l'absent, sous une condition qui ne s'est réalisée que depuis qu'il a disparu ;

3° Les biens par lui donnés avec stipulation du droit de retour ;

4° En un mot, tous droits échus depuis l'incertitude sur l'existence.

L'application de ce principe aux successions ne souffre aucune difficulté en théorie ; mais, dans la pratique, on ne saurait employer trop de réserve pour déterminer, à l'encontre des autres héritiers ou successeurs, les mesures de précaution.

Les auteurs et la Jurisprudence rappellent d'abord la distinction commune entre le *non-présent* et l'*absent ;* et, selon le plus ou moins de probabilité de retour, on indique des appositions de scellé, suivies de levées avec ou sans description, des inventaires, des suspensions de partages.

Nous n'avons rien à objecter contre cette dernière mesure ; quant aux autres, nous les admettrions si le défunt, dans sa sollicitude pour celui qui a disparu, avait appelé une surveillance quelconque après son décès ; mais lorsqu'il est resté dans un silence absolu, il nous paraît que si les héritiers présents sont environnés d'une bonne réputation, il est sage de proscrire des procédures ruineuses et qui tendent à pénétrer le secret des familles.

Les calculs auxquels nous venons de nous livrer reposent sur une base fragile, le manque de preuves. Si nous acquérons la certitude de la vie ou de la mort, le droit reprendra son empire et ramènera les choses à l'état qui leur convient.

Nous verrons, *in decursu*, comment le législateur, tantôt *comme* présumant la continuation de l'existence, tantôt *comme* anticipant sur la preuve et les conséquences du décès, a rendu impossible une restitution entière.

(7)

Quant à présent, nous devons nous borner à signaler les dispositions
des art. 137 et 138.

Aux termes du premier de ces articles, l'action en pétition d'hérédité est soumise à la prescription ordinaire.

Le second de nos articles, en attribuant d'une manière irrévocable
à ceux qui avaient recueilli la succession à défaut de l'absent, les fruits
par eux perçus de bonne foi, n'a pas observé la maxime *fructus au-
gent hœreditatem.*

SECTION DEUXIÈME.

Administration de la fortune de l'absent.

Le propriétaire a le droit d'user et d'abuser de sa chose ; il peut donc
la négliger.

Mais, lorsque l'abandon est tel que l'on doive l'imputer à des causes
indépendantes de sa volonté, il est juste que l'on veille pour lui.

La loi charge de ce soin le ministère public.

La sollicitude de ce magistrats n'est soumise à d'autre prescription
qu'aux obligations que leur impose le soin de leur dignité, et l'accom-
plissement de leurs devoirs. L'une serait méconnue, s'ils descendaient
jusqu'à se livrer à des actes de gestion, et d'un autre côté ils perdraient
un temps précieux et destiné à des intérêts généraux, s'ils l'employaient
à intenter contre les tiers les actions de l'absent, ou à répondre à celles
qui seraient dirigées contre lui. Le plus souvent donc ils se borneront
à exercer une haute surveillance, laissant à d'autres le soin de provoquer les mesures convenables.

Mais d'après quel principe interviendra-t-on dans les affaires de
l'absent ? qui pourra provoquer ou demander cette intervention ?

Ces questions ont été autrefois l'objet de théories plus ou moins
vagues, qui tombent toutes devant la volonté du législateur.

Suivant ses prescriptions conformes à la raison et au respect dû à la
dignité des personnes, on doit s'abstenir, ou du moins se borner à ce
que commande la nécessité la plus impérieuse, tant que l'on peut rai-
sonnablement attendre le retour du maître. Dans cet intervalle, l'in-

térêt, et par suite le pouvoir d'agir des personnes qui ont des droits subordonnés à la condition du décès s'aperçoit à peine.

Il en est tout autrement lorsque, après un temps plus ou moins long, l'espoir du retour s'évanouit.

La première période prend le nom de *présomption d'absence.*

La deuxième, celle de *déclaration d'absence.*

§ Ier.

De la présomption d'absence.

Nous venons de le dire, dans cette période, l'intérêt de l'absent l'emporte sur celui de ses successeurs, mais il doit à son tour céder à celui de ses créanciers.

Ainsi, la disparition ne peut opposer des entraves à l'exercice des droits qui prennent leur source dans les obligations dont l'absent était tenu.

Bien plus, le gage donné étant menacé de périr faute de surveillance, on ne saurait refuser aux intéressés les moyens de veiller à sa conservation; là n'est pas la difficulté :

Elle se présente assez délicate lorsque ce sont de simples héritiers qui voudraient exciter la vigilance des tribunaux.

Ce droit leur est-il conféré?

C'est ce dont on peut douter; en effet, leur intérêt semble ne pas être encore né; il ne naîtra même jamais, si l'absent reparaît dans le cours de notre période. Or, point d'intérêt, point d'action.

Cette raison est forte; elle n'a pas été méconnue par le législateur lorsqu'il a prohibé l'immixtion trop prompte d'avides héritiers; mais repousser aussi leur concours désintéressé, c'est peut-être montrer une outrecuidance qui n'est pas dans l'esprit de la loi.

Que l'on remarque bien, en effet, que, dans la pratique, les mesures conservatoires ne seront requises que fort tard, et lorsque l'on ne comptera plus sur le retour. Surtout, que l'on n'oublie pas que, l'absence déclarée, c'est au jour de la disparition qu'il faut revenir pour en régler les effets, et les tribunaux accueilleront des demandes qui n'entraînent que peu de frais.

Le tribunal de première instance du domicile est sans doute le premier autorisé à prendre les dispositions que commandent les circonstances ; mais il ne paraît pas que l'action des autres tribunaux doive absolument dépendre de la sienne.

Nous distinguerions.

Il faut pénétrer dans la demeure, fouiller dans les papiers de l'absent ; alors le juge du domicile doit, avant tout, reconnaître la nécessité.

Au contraire, s'il s'agit de la surveillance d'un objet matériel, les magistrats du lieu ne doivent être empêchés.

Quant aux mesures à prendre, la loi s'en réfère à la prudence des tribunaux ; c'est à eux à choisir au besoin, pour représenter l'absent, les personnes les plus capables et qui offriront le plus de garantie. *Voir* pourtant l'art. 113.

Le tribunal, toujours dominé par la nécessité, peut donner plus ou moins d'étendue aux pouvoirs des préposés, leur conférer le droit d'intenter les actions de l'absent, ou seulement de répondre à celles que l'on dirigerait contre lui, ne leur attribuer enfin qu'une simple surveillance.

§ II.

De la déclaration d'absence.

Il est bien négligent, si toutefois il existe encore, celui qui, pendant quatre années, laisse planer sur son existence une incertitude complète. La société qu'il abandonne ne lui doit déjà plus toute sa sollicitude ; elle va la reporter sur ses héritiers ou autres ayants-droit après son décès.

Cependant le législateur, avant de se départir, en partie du moins, de sa haute tutelle, veut être complétement éclairé sur le manque absolu de nouvelles et sur les causes qui auraient empêché de les recevoir.

D'après ces considérations, les intéressés sont reçus à former la demande en déclaration d'absence à l'expiration du délai ci-dessus indiqué, prorogé de six années dans le cas prévu par l'article 121.

2

Cette demande, présentée en la forme prescrite par les lois de la procédure (art. 859, 860, Pr. civ.), peut être rejetée de suite.

Si elle paraît fondée, le jugement de déclaration n'est prononcé qu'une année après le point de départ fixé par l'article 119, et lorsque, malgré l'observation rigoureuse des dispositions de l'article 116, malgré l'appel le plus large fait à la publicité, l'on n'a pu obtenir des renseignements sur l'existence de celui qui a disparu.

L'absence déclarée, les intéressés peuvent demander l'envoi en possession, et se constituer les administrateurs de tout ou partie du patrimoine ou seulement des objets particuliers, qui doivent leur être remis, avec leurs accessoires et les produits obtenus depuis la disparition.

En prononçant sur la demande, les magistrats n'auraient pas à examiner si le droit de celui qui agit est supérieur à celui de tel autre également autorisé à réclamer, mais il leur suffira d'en reconnaître le fondement, abstraction faite de toutes prétentions ultérieures auxquelles il n'est pas préjudicié.

Régulièrement, les héritiers seront les premiers à requérir la déclaration d'absence et l'envoi provisoire, puis les intéressés d'une autre catégorie éleveront leurs prétentions diverses. Telle est la marche tracée par la loi. Cependant si, par malice ou négligence, les premiers appelés restaient dans l'inaction, on pourrait, ce fait constaté, admettre l'exercice des droits des autres intéressés.

L'envoi provisoire obtenu, nous avons à déterminer en premier lieu le caractère et les pouvoirs des administrateurs; en deuxième lieu les avantages qui leur sont attribués et les obligations dont ils sont tenus.

PREMIÈRE QUESTION.

Quel est le caractère et quels sont les pouvoirs des envoyés en possession provisoire?

Sur la solution de cette question capitale, il est difficile de ne pas hésiter; d'un côté, les expressions dont se sert le législateur pour qualifier la possession provisoire ne sont rien moins qu'exactes, *voyez* l'art. 125; de l'autre, les auteurs, en raisonnant par analogie des pouvoirs attribués au mari administrateur de la dot, aux tuteurs, paraissent avoir moins ambitionné la découverte de la vérité que recherché des règles d'application.

Dans ces circonstances, forcé d'exprimer notre sentiment, nous le ferons avec d'autant plus de méfiance, que nous allons ouvrir une porte plus large à l'arbitraire.

D'abord les envoyés en possession ne peuvent aliéner volontairement les immeubles (art. 128).

Faut-il conclure de ce prescrit de la loi, et par l'argument *à contrario*, que toute latitude leur est accordée quant aux meubles? *Quid* de l'administration des immeubles?

A ne voir que l'écorce des choses, les envoyés en possession provisoire ne se présentent que comme simples administrateurs au fond, et eu égard aux moyens rapides de communication qui sont à la disposition des sociétés modernes, ils sont presque certains de rester maîtres.

Ce considéré, la jurisprudence admettra peut-être les propositions qui suivent :

Les meubles matériels sont en général à la libre disposition des envoyés en possession.

Quant aux créances, il faut distinguer entre celles qui sont garanties par des priviléges, hypothèques ou autrement, et les créances nues ; celles-ci pourraient être négociées au besoin par les envoyés en possession ; il n'en serait pas de même des premières.

Comme administrateurs des immeubles, les envoyés en possession sont autorisés à faire tous actes qui n'emportent pas implicitement aliénation. Ainsi ils peuvent :

1° Consentir les baux usités dans le pays, encore qu'ils excèderaient neuf années ;

2° Intenter les actions immobilières.

Si elle était admise, cette théorie présenterait peu de dangers ; puisque, nous allons le voir, la loi ne livre pas les biens sans prendre ses précautions.

Quelles sont les obligations dont sont tenus les envoyés en possession ? Quelles sont leurs prérogatives ?

Les obligations sont antérieures à la prise de possession, ou elles viennent à la suite.

Avant d'entrer en possession, les intéressés sont tenus de faire inventaire et de fournir caution (art. 120 et 123).

Cette caution, qui du reste est liée d'une manière rigoureuse, doit présenter des garanties assez fortes :

1° Pour assurer la conservation des immeubles ;

2° La restitution des objets mobiliers ou valeurs que, par aperçu, les envoyés pourraient être tenus de rendre compte.

Du reste, si l'on ne pouvait trouver une caution, l'art. 2041 recevrait certainement ici son application. Nous n'oserions en dire autant de la disposition des articles 602 et 603.

Après leur entrée en possession, ils sont tenus à administrer sagement les biens.

Ainsi ils doivent :

1° Faire les réparations convenables du moins jusqu'à concurrence des revenus ;

2° Ne pas négliger de retirer les fruits ;

3° Faire emploi des capitaux : selon les circonstances ils pourraient être déclarés responsables du placement ;

4° Interrompre les prescriptions : faire en un mot tous actes conservatoires ou utiles.

Ces maximes si sages, il est à croire qu'ils les observeront, car

Ici leur intérêt nous répond de leur zèle ;

sans doute leur droit à la propriété n'est pas encore constant, mais il va tous les jours en s'affermissant, et dans cette supposition le législateur les récompense généreusement de leurs peines en leur accordant les fruits dans les proportions déterminées par l'article 127.

SECTION TROISIÈME.

Fortune de l'absent rendue au commerce.

Trente années se sont écoulées depuis l'envoi en possession provi-soire, ou bien celui qui a disparu aurait atteint la centième année. Dans cet état de choses, compter sur le retour, gêner en conséquence la liberté des tiers ou des intéressés , mettre des obstacles à la libre circulation des biens serait un calcul peu en harmonie avec les hautes pensées sociales de notre législature, aussi déclare-t-il dejà :

1° Les cautions déchargées.

2° Les intéressés autorisés à demander le partage des biens de l'absent, et à faire prononcer l'envoi en possession définitive.

Les conséquences de cet envoi ne sont pas de fixer sur la tête de ceux qui l'ont obtenu, la propriété des biens, mais seulement de leur attribuer des droits absolus de disposition. En conséquence, même au cas de retour de l'absent, les ventes ou aliénations qu'ils auraient con-senties des biens seraient respectées. Les servitudes et hypothèques dont ils les auraient grevés seraient maintenues. En d'autres termes l'absent reprendra ses biens dans l'état où ils se trouveront.

S'ils ont été dénaturés ou confondus avec ceux des envoyés en possession, ceux-ci sont obligés de lui restituer tout ce dont ils ont réellement profité.

Sauf ce qui a été dit sur les fruits, nous appliquerions en général ici les principes de la législation romaine.

Une réclamation aussi juste n'est soumise à l'égard de l'absent à aucune prescription. Ses descendants sont moins favorisés, la loi ne leur promet son appui que dans les trente ans à compter de l'envoi définitif.

Au reste, le Code ne contient que des dispositions très-incomplètes sur la prescription dans les cas d'absence, la lacune est difficile à rem-plir d'autant qu'il faut se livrer à des distinctions assez multipliées, nous nous bornerons à indiquer quelques règles.

Deux hypothèses générales peuvent se présenter; car la prescrip-tion peut tendre à enlever aux représentants véritables de l'absent ou à l'absent lui-même les droits qui lui appartenaient, ou elle se réfère en quelque sorte à son hérédité, aux biens qu'elle embrasse, que l'on prescrit *quasi pro hærede*.

Dans le premier cas, pour résoudre la question de savoir à quelle personne l'on doit s'attacher pour déterminer le temps requis pour prescrire, nous ferons les précisions suivantes :

Jusques aux dernières nouvelles ou au décès prouvé, il faut s'attacher à la personne de l'absent ;

Si, depuis la disparition, on n'a eu aucun renseignement, il est raisonnable de considérer la personne des représentants ou ayants-droit.

Dans la deuxième hypothèse, nous pensons qu'abstraction faite des descendants de l'absent, la prescription doit courir à partir de l'envoi en possession provisoire.

CHAPITRE II.

RAPPORTS DE L'ABSENT AVEC SON CONJOINT.

Le mariage établit entre les époux des rapports d'une double nature : les uns relatifs à leurs personnes, les autres à leurs biens ; c'est donc sous ces deux points de vue que nous devons envisager les effets de l'absence.

SECTION PREMIÈRE.

Influence de l'absence sur le mariage.

Le lien du mariage est indissoluble, la mort seule peut le briser ; aussi, quelle que soit l'incertitude qui plane sur la vie de l'un des conjoints, le législateur n'a garde de proposer les tempéraments qu'il adopte sur les biens. On ne transige pas avec la morale.

Cependant, si malgré les sages précautions de la loi, le conjoint de l'absent était parvenu à former une nouvelle union, elle serait respectée par la loi civile tant qu'il serait permis de douter de l'existence du premier époux.

Lorsqu'au contraire, l'état de bigamie deviendrait patent, lorsque surtout, l'absent serait rentré dans ses foyers, nous penserions que, non-seulement il peut lui-même intenter l'action en dissolution ; mais que ce droit, du moins sa vie durant, serait encore donné au ministère public et aux nouveaux conjoints.

SECTION DEUXIÈME.

Influence de l'absence sur les biens des époux.

La gravité des questions qui résultent des rapports moraux qu'établit le mariage, nécessite des décisions absolues ; les rapports de fortune, au contraire, amènent de nouveau les calculs de probabilité.

Généralement, et quel que soit le régime adopté par les époux, le conjoint présent peut provoquer la déclaration d'absence, et demander l'envoi en possession des biens composant la succession de l'absent, s'il y était appelé ; dans le cas contraire, ou s'il ne lui convenait pas de former cette demande, être admis à exercer les droits subordonnés à la condition du décès.

Rien de particulier à cet égard lorsque les époux ne se sont pas mariés sous le régime de communauté ; mais dans cette hypothèse, il faut bien distinguer le cas où le conjoint opte pour la dissolution de la communauté, et celui où il demande à la continuer, ainsi qu'il en a le droit.

PREMIER CAS.

L'époux opte pour la dissolution provisoire de la communauté.

Il est admis à l'exercice de tous les droits subordonnés à la condition du décès ; mais il est tenu à fournir caution pour les choses à restituer.

Ce cautionnement sera plus ou moins étendu selon que la dissolution conférera plus ou moins de droits nouveaux au conjoint présent ; si c'est le mari, il ne devra en général donner caution que pour les donations qui lui auraient été faites par sa femme et qui seraient subordonnées à la condition du décès.

Si c'est la femme, le cautionnement sera donné à raison des biens dont elle prend l'administration.

DEUXIÈME CAS.

Le conjoint présent opte pour la continuation de la communauté.

Jusqu'ici les principes généraux du droit ont été sagement reconnus par le législateur, mais il nous paraît s'en être écarté dans la disposition de l'article 124 Pr.

Nous ne craignons pas de le dire, ce texte a été motivé sur des raisons plus spécieuses que solides, c'est une exception au droit commun que nous nous efforcerons de restreindre, autant du moins que les expressions trop absolues du législateur ne s'y opposeront pas.

Sous l'empire de ces réflexions, les dispositions combinées des articles 124, 126, 128 pourraient être ainsi présentées.

Sous le régime de la communauté même réduite aux acquêts, le conjoint peut, en optant pour la continuation de la communauté, empêcher l'envoi provisoire et l'exercice provisoire de tous droits subordonnés à la condition du décès.

Ce droit, sous le régime dotal, n'appartiendrait pas même au mari.

Il doit être exercé avant l'envoi en possession provisoire.

Il ne lie pas celui qui l'a fait.

Cette option n'empêche pas que la femme ne puisse ultérieurement renoncer à la communauté.

Elle oblige le conjoint à faire procéder à l'inventaire du mobilier et des titres de l'absent.

Elle lui conserve ou confère, de préférence à tous autres, l'administration des biens de celui qui a disparu; ajoutons à l'égard de la femme et celle des siens propres.

Les pouvoirs de l'administrateur légal doivent être considérés dans la personne du mari et de la femme.

Le premier conserve ses pouvoirs entiers sur ses biens et sur ceux de la communauté; il reste ou devient simple administrateur de ceux de sa femme.

La seconde n'est autorisée qu'à administrer.

Les bénéfices provenant des fruits et revenus des biens communs, ou appartenant aux époux lors de la disparition, tomberaient dans la communauté.

En seraient distraits les droits échus à l'époux présent depuis la même époque.

Cependant, si on avait des nouvelles postérieures, on remettrait à la masse ce qui aurait été acquis de part et d'autre jusqu'au jour où elles remontent.

Dans tous les cas, les actes faits par l'époux présent, durant l'incertitude, doivent être maintenus.

Ce même époux est autorisé à disposer à son gré des fruits et revenus, sauf, pour la portion dont la loi le soumet selon les circonstances, à rendre compte.

CHAPITRE III.

RAPPORTS DE L'ABSENT AVEC SA FAMILLE.

L'absence du père ou de la mère ne peut avoir pour résultat de laisser les enfants sans protection ; la loi veillera sur eux.

Elle prévoit :

1° La disparition d'un seul des parents ;

2° La disparition simultanée ou successive des deux ou seulement de l'un d'entre eux, précédée ou suivie de la perte de l'autre.

Dans la première hypothèse,

Si c'est la mère qui manque, il est clair que le père conservera l'exercice de l'autorité paternelle et l'administration des biens des enfants : il était inutile de statuer sur ce point.

Si au contraire le père a disparu, il importait de conférer à la femme l'exercice des droits du mari, quant à l'administration des biens des enfants, et à leur éducation. C'est ce qui a été fait (art. 141).

Le Code ne s'explique ni sur l'époque à laquelle la mère peut prendre l'administration, ni sur d'autres droits qu'il serait utile de lui conférer, bien que, quant à présent, l'urgence ne se fasse pas sentir. Ce serait la faculté de consentir seule au mariage des enfants mineurs, celle de les émanciper. Sur ces divers points, nous pensons :

1° Qu'il n'y a aucun inconvénient à ce que la mère s'empare au plus tôt de l'administration, sauf aux tribunaux à éprouver ses actes, s'il leur apparaissait que la femme a profité de la non présence du

3

mari pour se donner des droits qui ne lui appartiennent que pendant la présomption d'absence ;

2° Quant à la faculté de consentir seule au mariage des enfants,
de les émanciper, nous serions assez portés à adopter le sentiment de
ceux qui pensent que, selon les circonstances, on pourrait voir, dans
la prolongation de la présomption d'absence, une des causes d'empêchement qui donneraient lieu à l'application des articles 149 et 477
du Code civ.

Dans la deuxième hypothèse,

La loi aime mieux laisser quelques temps les intérêts matériels en
souffrance que d'autoriser dès l'abord une immixtion trop souvent
dangereuse. Ainsi, un délai de six mois doit s'être écoulé avant que
l'on puisse établir une administration régulière.

Après cette époque, la surveillance des enfans est déférée :

1° Aux ascendants. C'est le conseil de famille qui choisit parmi eux
et qui fixe les conditions de leur administration ;

2° Le même conseil, à défaut d'ascendant, défère la surveillance
à un tuteur provisoire.

Les règles que nous venons de tracer recevront leur application
pendant la période de la présomption d'absence. Après la déclaration, on organisera en général la tutelle comme si l'absent était effectivement décédé.

QUESTIONS.

I.

Les cohéritiers d'un absent, qui l'auraient admis au partage d'une succession échue depuis la disparition, ne seraient pas liés par cet acte.

II.

Si l'absent avait constitué un procureur fondé pour un ou deux ans, la demande en déclaration d'absence pourrait être reçue après quatre années écoulées depuis l'expiration des pouvoirs.

III.

Les héritiers présomptifs au jour de la disparition, transmettent à leurs propres héritiers le droit de demander la déclaration d'absence ou l'envoi en possession.

IV.

L'absence du père n'empêche pas les enfants de venir avec leurs oncles à la succession de leur aïeul.

V.

Le procureur fondé de l'absent, qui veut attaquer le nouveau mariage, doit être muni de pouvoirs spéciaux.

VI.

Lorsque le père est absent, la mère n'exerce le droit de correction que comme elle pourrait le faire au cas de viduité.

PARIS. — IMPRIMERIE DE FAIN ET THUNOT,
RUE RACINE, 4, PRÈS DE L'ODÉON.